VERDI: ERNANI

Opera en Cuatro Actos

Traducción al Español y Comentarios
por E. Enrique Prado

Libreto de
Francesco Maria Piave

Jugum Press

Primera edición impresa: Octubre de 2016
ISBN-13: 978-1-939423-52-8
ISBN-10: 1-939423-52-X

Estudio de Compositor Giuseppe Verdi
y imagen de portada por Paul-Albert Besnard
de Wikimedia Commons – en.wikipedia.org
(en el dominio público en los Estados Unidos y otros países)

Impreso en los Estados Unidos de América
Publicado por Jugum Press
www.jugumpress.com

Edición y diseño:
Annie Pearson, Jugum Press
Consultas y correspondencia:
jugumpress@outlook.com

Índice

Prefacio ❧ Ernani 5

Sinopsis ❧ Ernani 7

Reparto ❧ Ernani 9

Acto Primero.. 11

Acto Segundo.. 25

Acto Tercero 37

Acto Cuatro 45

Biografía de Giuseppe Verdi................................... 53

Acerca de Estas Traducciones................................. 55

Jugum Press y Ópera en Español 56

Prefacio ∞ Ernani

Ernani es la quinta ópera de Giuseppe Verdi y la primera que lo llevó a la fama internacional su primera obra fue *Oberto* producida en 1839 cuando el autor contaba con 26 años luego escribió *Un Giorno de Regno* (1840), *Nabucco* (1842), *Los Lombardos* (1843) para continuar en 1844 con *Ernani*.

Verdi, firmó contrato para la producción de *Ernani* con el Conde Carlo Mocenigo, director del teatro La Fenice de Venecia. Como siempre, la elección del libreto acarreó dificultades, pero finalmente escogieron a Hernani, obra teatral escrita por Víctor Hugo en 1830, y que fue tomada como modelo del Romanticismo Frances. Esta obra estrenada en La Comédie Frangaise en 1830 era, famosa en Europa porque se habla convertido en el campo de batalla en, que los jóvenes románticos de Paris hablan derrotado a la vieja guardia que defendía las ideas y costumbres conservadoras del teatro clásico francés.

En éste momento faltaban solo tres meses para la terminación de la ópera, segundo, establecía el contrato. Verdi delineó el boceto y las situaciones dramáticas y dejó la composición de los versos al poeta estable de La Fenice, un veneciano de nombre Francesco Maria Piave.

La siguiente batalla artística de Verdi fue contra Sophia Loewe que harta el papel protagónico femenino, y que como muchas sopranos, gozaba de la reputación de ser una persona muy difícil, ella propuso a Verdi que antes de finalizar el tercer acto, incluyera una caballeta para ser cantada por ella, a lo cual él se opuso lo que ocasionó gran disgusto en la diva. Este triunfo de Verdi tuvo un precio, porque durante el estreno tuvo que lidiar con una soprano hostil que hasta cierto punto contagió al resto del elenco. En una carta escrita por Verdi a una amiga suya, se queja de que el tenor, se presentó ronco al estreno y de que era imposible desafinar más que la Loewe. La obra se estrenó en el Teatro la Fenice de Venecia, el 9 de Marzo de 1844.

Las reseñas de la época afirman que el estreno de *Ernani* fue un éxito moderado y que la segunda y la tercera representaciones cuando los cantantes curaron sus resfriados o bien decidieron ponerse del lado del compositor, alcanzaron, entonces sí, un triunfo muy notable.

Verdi, como autor de la obra, dirigió las tres primeras representaciones, como se estilaba en esa época y no esperó a recibir elogios y homenajes en Venecia, y rápidamente partió hacia Milán, despidiéndose por carta de la Loewe y no personalmente como era la costumbre.

Traducción y comentarios por
E. Enrique Prado Alcalá
Tepoztlán, Junio de 1999

Sinopsis ∞ Ernani

La acción tiene lugar en Aragón y en Aix-la Chapelle en 1519

ACTO PRIMERO.

Escena I.

Un escondite en las montañas de Aragon.

Don Atén de Aragón, un noble español, que ha sido privado de sus riquezas y ha sido declarado proscrito por el rey, se ha convertido en Ernani, jefe de una banda de bandidos. En su campamento de la montaña piensa y medita en el próximo matrimonio de Elvira, la mujer que ama, con su anciano tío Don Ruy Gómez de Silva. Perteneciente a la nobleza. Dispuesto a evitar esa unión sin amor, pide a sus compañeros su ayuda para raptar a Elvira. Pronto Ernani y sus hombres parten con rumbo al castillo de Silva.

Escena II.

Habitaciones de elvira en el castillo de silva

Elvira se encuentra sola pensando en su próxima boda y en su impotencia para evitarla. Llena de pena llama a su amado Ernani, para que venga a rescatarla. Don Carlos I Rey de España, que también está enamorado de Elvira entra a la habitación y trata de seducirla violentamente en eso entra Ernani, ambos hombres se reconocen de inmediato y Carlos le permite que huya para que salve su vida; pero Silva entra de pronto y reta a ambos hombres. El arribo de Don Ricardo el escudero real, revela a Silva la presencia del rey y quien a pesar de su rabia, trata con gran deferencia al monarca. Carlos asegura el escape de Ernani, refiriéndose a él como su hombre de confianza. Ernani un tanto reluctante, es urgido por Elvira para que se marche.

ACTO SEGUNDO

Un magnifico salon en el palacio de silva.

Elvira y Silva están a punto de contraer matrimonio. Ernani ha desaparecido, y Elvira ha recibido reportes de que ha muerto. Un escudero informa que afuera está un peregrino que pide asilo. Silva creyendo que el peregrino traerá felicidad a su casa lo recibe, e instruye al escudero para que le permita la entrada.

Cuando Elvira entra con su atuendo de boda, el peregrino arroja su capa y se revela como Ernani y ofrece su vida como regalo de bodas. Sus seguidores han sido dispersados y él es perseguido por los hombres del rey quien le ha puesto precio a su cabeza, pero Silva le asegura protección de acuerdo con la costumbre castellana de la hospitalidad y sale para ver las defensas el castillo.

Al regresar encuentra a Elvira y Ernani unidos en un abrazo, pero antes de que pueda hacer algo, se aproxima el rey y conforme a su código de honor, Silva esconde a Ernani en un pasaje secreto. Cuando el rey exige al fugitivo, Silva ofrece su propia cabeza como prenda; entonces Carlos lo amenaza con la ejecución, y Elvira le pide misericordia. La resolución de Silva casi se rompe cuando Carlos toma a Elvira como rehén, pero él la deja ir. El entonces demanda satisfacción de parte de Ernani, el bandido decide pelear pero pide ver a Elvira una vez más. Ernani persuade a Silva de que se unan para combatir al rey y como muestra de lealtad, le entrega un cuerno de caza, prometiéndole que se matará a sí mismo, cuando el anciano lo haga sonar.

ACTO TERCERO
La tumba de Carlomagno en Aix-La Chapelle.

Carlos medita ante la tumba de Carlomagno mientras espera la elección del nuevo Sacro Emperador Romano. Enterado de que una banda de conspiradores intenta reunirse ahí, se esconde en la tumba con la idea de conocer sus identidades. Llegan los conspiradores, entre ellos Ernani y Silva, hacen un sorteo para escoger al asesino del rey y Ernani es el seleccionado. Tres disparos de cañón anuncian que Carlos ha sido electo Emperador; mientras Elvira entra con un séquito de cortesanos, soldados y electores, Carlos se adelanta y ordena fa captura de los conspiradores. Los nobles serán ejecutados y los demás puestos en prisión. Ernani declara ser Don Juan de Aragón; Elvira, una vez más pide clemencia para él. Carlos invocando el espíritu de Carlomagno, no solo concede clemencia a los conspiradores sino, que también ordena el matrimonio de Elvira con Ernani... Todos alzan sus voces en un magnífico tributo a la magnanimidad del Emperador. Solo Silva furioso, piensa en la venganza.

ACTO CUARTO
Una Terraza en el Palacio de Don Juan en Aragon.

Un baile tiene lugar para celebrar el próximo enlace entre Elvira y Ernani. Los novios salen a la terraza y se abrazan, su idilio es interrumpido por el sonido de un distante cuerno de caza, Ernani recuerda horrorizado el significado de esto. Mientras el sonido del cuerno se acerca, Ernani se siente mal y envía a Elvira por una medicina. Entra Silva y exige a Ernani el cumplimiento de su juramento. Silva le ofrece la opción entre la daga y el veneno, regresa Elvira y suplica. A Silva que retire su exigencia lo cual le es negado Ernani toma su daga y fiel a su promesa se apuñala y muere.

FIN

Reparto ᚱ Ernani

ERNANI (DON JUAN DE ARAGON), líder de una banda de bandidos — tenor

DORA ELVIRA, sobrina y prometida de Silva — soprano

DON CARLOS, Rey de España — barítono

DON RUY GOMEZ DE SILVA, noble español — bajo

DON RICARDO, escudero del Rey — tenor

IAGO, escudero de Silva — bajo

GIOVANNA, dama de compañía de Elvira — mezzosoprano

Libreto ∞ Ernani

Acto Primero

Escena I. Un escondite en las montañas de Aragon.

A la distancia se vé el castillo moro de Don Ruy Gómez de Silva.
El ocaso se aproxima, Una banda de rebeldes montañeses y bandidos estén comiendo y bebiendo,
algunos juegan car tas y otros limpian sus armas.

BANDIDOS

Evviva! Beviamo, beviamo! Viva! Nel vino cerchiam almeno un piacer! Che resta al bandito, da tutti sfuggito se manca il bicchier?	1. ¡Bebamos, bebamos! ¡En el vino buscamos al menos placer! ¿Qué le queda al bandido, esquivado por todos, si le falta el vaso?
Giuochiamo, che l'oro è vano tesoro, qual viene sen va, Giuochiam se la vita non fa più gradita ridente beltà.	Juguemos, que el oro es vano tesoro que como viene, se ve Juguemos, que la vida no hace más agradecida a la sonriente beldad por bosques.
Abbiam soli amici, moschetto e pugnal. Quand'esce, la notte nell'orride grotte ne forman guancial.	Per dientes tenemos solo amigos, mosquete y puñal. Cuando llega, la noche en la horrible gruta ponemos la almohada.
Allegri, beviamo, beviamo! Nell'vino cerchiam almeno un placer!	¡Alegres, bebamos, bebamos! ¡En el vino buscamos al menos placer!

Llega Ernani.

Ernani pensoso! Perché o valoroso, sul volto hai pallor?	¡Ernani pensativo! ¿Por qué oh valiente, estás tan pálido?

Comune abbiam sorte,
in vita ed in morte
son tuoi braccio e cor.
Qual freccia scagliata
la meta segnata sapremo colpir
Non avvi mortale
che il piombo o il pugnale
non possa ferir.

Allegri! Beviam! Beviam!
Nel vino cerchiam almeno un piacer!

ERNANI
Mercè diletti amici,
a tanto amore, mercè
Udite or tutti del mio cor gli affanni,
e se voi negherete il vostro aiuto
forse per sempre Ernani fia perduto...
Come rugiada al cespite
d'un appassito flore
d'aragonese vergine
scendeami voce al core;
fu quello il primo palpito
d'amor che mi beò.
Il vecchio Silva stendere
osa su lei la mano...
domani trarla al talamo
confida l'inumano!
Ah, s'ella m'è tolta, ahi misero!
D'affano morirá!
Si rapisca...

BANDIDOS
Sia rapita,
ma in seguirci sarà ardita?

ERNANI
Me'l giurò.

BANDIDOS
Dunque verremo
al castel ti seguiremo,
Quando notte il cielo copra
tu ne avrai compagni all'opra;

Tenemos una suerte común,
en la vida como en la muerte
nuestros brazos son tuyos.
Como flecha que ha sido lanzada
sabremos alcanzar la meta señalada
No hay mortal
quien el plomo o el puñal
no pueda herir.

¡Alegres! ¡Bebamos! ¡Bebamos!
¡En el vino busquemos al menos un placer!

2. Gracias, queridos amigos,
por tanto amor, gracias.
Ahora oigan todos las penas de mi corazón
y si ustedes me niegan su ayuda
quizás Ernani se pierda para siempre...
Como roclo en el botón
de una flor marchita
la voz virginal de una aragonesa
desciende a mi corazón;
aquel fue el primer palpitar
de amor que me hizo feliz.
¡El viejo Silva se atreve a extender su
mano sobre ella, confía el inhumano que
mañana la llevará al tálamo
inhumano!
¡Ah, sí me la quitan, pobre de mí!
¡Morirá de pena!
Raptémosla...

3. ¿Raptémosla,
pero se atreverá a seguirte?

4. Me lo juró.

5. Entonces iremos
al castillo te seguiremos,
Cuando la noche cubra al cielo
tu nos acompañaras en la obra

BANDIDOS

dagli sgherri d'un rivale
ti fia scudo ogni pugnale.
Vieni, Ernani, la tua bella
dé banditi fia la stella
Saran premio al tuo valore
le dolcezze dell'amor.
Dell'esiglio nel dolore
angiol fia consolator
O tu che l'alma adora,
vien, la mia vita infiora
per noi d'ogni altro bene
il loco amor terrà.
Purché sul tuo bel viso
vegga brillare il riso,
gli stenti suoi, le pene
Ernani scorderà.

... Vieni Ernani, la tua bella.

(continuó)

deja que todas las dagas
sean el escudo contra tu rival.
Ven Ernani que tu bella
sea la estrella de los bandidos
Serán premio a tu valor
las dulzuras del amor.
De las tristezas del exilio
sea ángel consolador
Oh tu que adoras el alma,
ven haz florecer mi vida
para nosotros el amor tomará
el lugar de todo lo demás.
Con tal que en tu bello rostro
vea brillar la sonrisa,
Ernani sus, penurias
y sus penas olvidará.

... Ven Ernani, tu bella.

Todos salen rumbo al castillo de Silva.

Escena II. Habitaciones de Elvira en el castillo de silva.
Es de noche, Elvira se encuentra sola.

ELVIRA

Surta è la notte,
e Silva non ritorna!
Ah, non tornase el più!
Questo odiato veglio
che quale immondo spettro
ognor m'insegue
col favellar d'amore,
più sempre Ernani
mi configge in core.
Ernani, Ernani! Involami
all'abborrito amplesso
Fuggiamo se teco vivere
mi sia d'amor concesso,
per antri e lande inospiti
ti seguirà il mio piè
Un Eden di delizia
saran quegli antri a me.

6.

¡La noche ha caído,
y Silva no retorna!
¡Ojalá que no retornara más!
Ese odiado viejo
que como inmundo espectro
siempre me sigue
hablándome de amor
hace que Ernani
se adentre en mi corazón.
¡Ernani, Ernani! Llévame
del aborrecido abrazo
Huyamos si el amor me concede
vivir contigo,
por antros y tierras inhóspitas
te seguirá mi pie.
Un Edén delicioso
serán para mí esos antros.

Entran damas de compañia llevando costosos regalos de boda

13

DAMAS

Quante d'Iberia giovani
te invidieran, signora!
Quante ambirien il talamo
di Silva che t'adora!
Questi monili splendidi
lo sposo ti destina,
tu sembrerai regina
per gemme e per beltà, ah!
Sposa domani in giubilo
te ognu, saluterà.

ELVIRA

M'è dolce il voto ingenuo:
che il vostro cor mi fa.
[Tutto sprezzo che d'Ernani
non favella a questo core:
non v'ha gemma che in amore
possa l'odio tramutar, ah!
Vola, o tempo, e presto reca
di mia fuga il lieto istante,
vola, o tempo, al core amante
è suplizzio l'indugiar.]

DAMAS

Sarà sposa, non amante
se non mostra giubilar.

7. ¡Cuántas jóvenes de Iberia
    te envidiarán señora!
    ¡Cuántas ambicionarán el tálamo
    de Silva que te adora!
    ¡Estos espléndidos collares
    te los envía tu prometido
    tu pareceres reina
    por tus joyas y por tu belleza ah!
    Mañana a la esposa jubilosa
    todos la saludarán.

8. Es dulce para mí
    el deseo ingenuo de su corazón.
    [¡Ni todo el desprecio con el que hablan
    de Ernani, ni las joyas
    harán que en amor
    se pueda transformar el odio, ah!
    Vuela oh tiempo, y pronto trae
    de mi fuga el feliz instante,
    vuela oh tiempo, para el corazón amante
    es un suplico la demora.]

9. Serás esposa, no amante
    y no muestra júbilo, no.

Salen las damas.

Don Carlos, el rey, entra disfrazado seguido por Giovanna.

CARLOS

Fa che a me venga, e tosto.

A Giovanna

10. Haz que venga a mí y rápido.

GIOVANNA

Signor, da lungi giorni
pensosa ognora
ogni consorzio evita
è. Silva assente.

11. Señor, por muchos días
     siempre pensativa
     evita toda compañía
     y Silva ausente.

CARLOS

Intendo. Or m'obbedisci.

12. Entiendo. Ahora, obedece.

GIOVANNA
Sia.

13. Así sea.

CARLOS
Perchè Elvira rapì la pace mia?
Io l'amo... e il mio potere,
l'amor mio, ella non cura
ed io preferito mi veggo
un nemico giurato, un masnadiero...
quel cor tentiam
una sol volta ancora.

14. ¿Por qué Elvira roba mi paz?
Yo la amo... y ni mi poder,
ni mi amor le interesan
Y veo que prefiere a
un enemigo jurado, un bandido...
intentaré una vez más
tener a ese corazón.

ELVIRA
Sire, fia ver?
Voi stesso, ed a quest'ara?

15. ¿Señores verdad?
¡Tú en persona y a ésta hora?

CARLOS
Qui mi trasse amor possente.

16. Me trajo un poderoso amor.

ELVIRA
Non, m'amate, voi mentite.

17. No me amas, tu mientes.

CARLOS
Che favelli?
Un re non mente.

18. ¿Qué dices?
Un Rey no miente.

ELVIRA
Da qui dunque ora partite.

19. Vete de aquí ahora.

CARLOS
Vieni meco.

20. Ven conmigo.

ELVIRA
Tolga Iddio!

21. ¡No lo permita Dios!

CARLOS
Vien, mi segui, ben vedrai
quant'io t'ami.

22. Ven, sígueme, y verás
cuánto te amo.

ELVIRA
E l'onor mio?

23. ¿Y mi honor?

CARLOS
Di mia Corte onor sarai.

24. Tú serás el honor de mi corte.

ELVIRA
No, cessate, no cessate!

CARLOS
E un masnadiero
fai superbo del tuo cor?

ELVIRA
Ogni cor serba un mistero.

CARLOS
Quello ascolta del mio cor.
Da quel di che t'ho veduta
bella come un primo amore
la mia pace fu perduta,
tuo fu il palpito del core.
Cedi Elvira, á voti miei;
puro amor da te desio;
ah, gioia e vita essere tu dêi
del tuo amante, del tuo re.

ELVIRA
Fiero sangue d'Aragona
nelle vene a me trascorre
lo splendor d'una corona
leggi al corno non puote imporre.
Aspirar non deggio al trono
né i f vor voglio d'un re.
L'amor vostro, o Sire,
è un dono troppo grande
o vile per me.

CARLOS
Cedi, Elvira, a voti miei
Non t'ascolto, mia sarai
vien, mi segui.

ELVIRA
ll re, dov'è?
Nol ravviso.

CARLOS
Lo saprai.

25. ¡No detente, detente!

26. ¿Y un bandido
hace soberbio a tu corazón?

27. Todo corazón guarda un misterio.

28. Escucha el que guarda mi corazón.
Desde el día en que te vi
bella como el primer amor
perdí la paz de mi mente
y tuyo fue el palpitar de mi corazón.
Cede Elvira, a mis deseos;
puro amor deseo de ti;
ah, alegría y vida debes ser de tu
amante, de tu rey.

29. Fiera sangre de Aragón
corre por mis venas
el esplendor de una corona
no puede imponer ley en mi corazón.
Al trono no debo aspirar
ni quiero los favores de un rey.
Ah tu amor, oh Señor,
es un regalo muy grande
o muy vil para mí.

30. Cede, Elvira, a mis deseos
No te escucho, mía serás
ven sígueme.

31. ¿En dónde está el rey?
No lo reconozco.

32. Ya lo conocerás.

Toma una daga de entre sus ropas.

ELVIRA

So che questo basta a me.
Mi lasciate, o d'ambo il core
disperata ferirò:

33. Sé que esto basta para mí.
Déjame o de ambos el corazón
desesperada heriré.

CARLOS

Ho i miei fidi!

34. ¡Tengo a mis hombres fieles!

ELVIRA

O orrore!

35. ¡Oh terror!

Saliendo de una puerta secreta.

ERNANI

Fra quei fidi io pur qui sto.

36. Entre esos fieles, aquí estoy yo.

CARLOS

Tu sè Ernani!
Mel dice lo sdegno
che in vederti
quest'anima invade.
Tu sé Ernani,
il bandito, l'indegno
turbatone di queste contrade
A un mio cenno peduto saresti
Va... ti sprezzo, pietade ho di te.
Pria che l'ira in me tutta si desti,
fuggi, o stolto, l'offeso tuo re.

37. ¡Tú eres Ernani!
Me lo dice la indignación
que al verte
invade mi alma.
Tu eres Ernani,
el bandido, el indigno
agitador de éstos Lugares
A una señal mía, estarás perdido
Vete... te desprecio, tengo piedad de ti.
Antes que se despierte la ira en mí,
huye tonto, has ofendido a tu rey.

Se interpone entre ellos empuñando su daga.

ELVIRA

No, deli d'amor non m'è pegno
l'ira extrema che v'arde nel core.
Perché al mondo di scherno far segno
di su casa, d'Elvira l'onore?
S'anca un guito vi sfugga un accento,
qui trafitta cadrò al vostro piè.
No, quest'alma, in si fiero momento
no, conosce l'amante nè il re.

38. No, crueles, no es prueba de amor
la ira extrema que arde en sus corazones.
¿Por qué han hecho escarnio ante el mundo
de la casa y del honor de Elvira?
Si se les escapa un solo gesto o una qui
sola palabra, aquí apuñalada caeré a sus
pies. No ésta alma en tan fiero momento
no conoce ni a su amante ni al rey.

ERNANI

Me conosci? Tu dunque saprai
con qual odio t'abborra il mio core.
beni, onori, rapito tu m'hai,
dal tuo morto fu il mio genitore.
Perché l'ira s'accresca, ambi amiamo
questa donna insidiata da te.
In odiarci e in amor pari siamo
vieni adunque, disfidoti, o re.

CARLOS

Fuggi o stolto,
l'offeso tuo re.
Stolto! Va!
Va, pietade ho di te.
A un mio cenno perduto saresti.

A Carlos.

39. ¿Me conoces? Tu entonces sabrás
con cuánto odio te aborrece mi
bienes, honores, me los has quitado tú,
mi padre fue muerto por el tuyo.
Para aumentar mi ira, ambos amamos
a ésta mujer asediada por ti.
Nos parecemos en el odio y en el amor
ven yo te desafío oh rey.

40. Huye tonto,
has ofendido a tu rey.
¡Tonto! ¡Vete!
Vete, tengo piedad de ti.
A una señal mía estarás perdido.

Súbitamente entra Silva

SILVA

Che mai vegg'io?
Nel penetral più sacro di mia magione
presso a lei
che sposa esser dovrà d'un Silva
due seduttori io scorgo?
Entrate, olà, miei fidi cavalieri!

41. ¿Qué es lo que veo?
¡Han penetrado en mi sagrada mansión
cerca de la que
deberá ser la esposa de un Silva,
y descubro a dos seductores?
Hey! Entren mis fieles caballeros.

*Entran caballeros y criados junto con Giovanna,
la dama de compañia de Elvira.*

Sia ognun testimon del disonore
dell'onta che si reca al suo signore.
[Infelice! E tu credevi
si bel giglio immacolato!
Del tuo crine fra la nevi,
piomba invece ii disonor.
Ah, perchè l'etade in seno
giovin core m'ha serbato!
Mi dovevan gli anni almeno
far di gelo ancora il cor.]

Sean todo testimonio del deshonor
de la pena que le traen a su señor.
[¡Infeliz! ¡Y tú creías que ella
era un bello lirio inmaculado!
El deshonor ha caído
sobre la nieve de tus cabellos.
¡Ah, porqué la edad me ha
conservado un corazón joven!
Por lo menos los años me
deberían hacer de hielo el corazón.]

A Carlos y Ernani

SILVA
L'offeso onor signori,
inulto non andrà
Scudierei, l'azza a me,
la spada mía, l'antico Silva
vuol vendetta, e tosto.
Infin che un brando vindice
resta al vegliardo ancora,
saprà l'infamia tergere,
o vinto al suol cadrà!
Me fa tremante il subito
sdegno che mi divora
cercando il sen dei perfido
la man non tremerá.

CABALLEROS
Lo sdegno suo reprimere
quel nobil cor non sa.

SILVA
Uscite.

ERNANI
... Ma signor.

SILVA
Non un de o ov'io parlo.

CARLOS
Signor duca...

SILVA
Favelleran le spade;
uscite o vili.

CARLOS
E tu per prmo, vieni.

IAGO
Il regale scudiero, Don Riccardo.

SILVA
Ben venga, spettator di mia vendetta.

(continuó)
El honor ofendido señores,
no quedará sin venganza
Escuderos, denme el hacha
la espada mía, el virgo Silva
quiere venganza, y rápido
¡Mientras una espada vengadora
le quede aun al viejo,
sabrá como lavar la infamia,
o vencido al suelo caerá!
Me hace temblar el súbito coraje
que me devora
buscando el seno del pérfido
la mano no me temblará.

42.   Reprimir el coraje
ese noble corazón no sabe.

43.   Salgan.

44.   ... Pero señor.

45.   Ni una palabra cuando yo hablo.

46.   Señor duque...

47.   Hablarán las espadas;
salgan viles.

48.   Y tu primero, ven.

Entra con Ricardo.
49.   El escudero real, Don Ricardo.

50.   Bienvenido, espectador de mi venganza.

RICCARDO

Sol fedeltade e omaggio
al re si spetta.

ELVIRA Y ERNANI

Io tremo, sol per te!

GIOVANNA, SILVA, IAGO, CRIADOS

O cielo! È desso il re!

RICCARDO

Omaggio al re!

CARLOS

¡Lo sono il re!

Vedi o me il buon vegliardo
or de cor l'ira depone,
lo ritorna alla ragione
la presenza del suo re.

RICCARDO

Più feroce a Silva in petto
dé gelosi avvampa il foco,
Ma dell'ira or prende loco
il rispetto del suo re.

SILVA

Ah, dagl'occhi un vel mi cade!
Credo appena a'sensi miei,
sospettare io non potei
la presenza del mio re.

GIOVANNA, IAGO, CRIADOS

[Ben i Silva mostra il volto
l'aspra guerra che ha nel core,
pure ei frena tal furore
in presenza del suo re.

ELVIRA Y ERNANI

Io tremo sol per te!

51. *A Carlos.*
Solo fidelidad y homenaje
se le debe al rey.

52. ¡Yo tiemblo por ti!

53. ¡O cielo! ¡Él es el rey!

54. ¡Homenaje al rey!

55. ¡Yo soy el rey!
A Ricardo.
Va como el buen viejo
ahora depone la ira de su corazón,
lo retorna a la razón
la presencia de su rey.

56. El fuego de los celos arde
ferozmente en el pecho de Silva,
pero el respeto por su rey
toma el lugar de su ira.

57. ¡Ah, un velo cae sobre mis ojos!
Apenas creo en mis sentidos,
yo no podía sospechar
la presencia de mi rey.

58. El rostro de Silva claramente muestra la
la áspera guerra que lleva en el corazón
apenas frena el furor
en presencia de su rey.

59. ¡Solo tiemblo por ti!

ELVIRA

Tua per sempre, o questo ferro
può salvarmi dai tiranni!
M'è conforto negli affanni
la costanza de mia fe.

ERNANI

M'odi Elvira; al nuovo sole
saprò tôrti a tanto affanno
ma resisti al tuo tiranno,
serba a Ernani la tua fe.

SILVA

Sospettare io non potei
la presenza del mio re.

RICCARDO, CARLO, GIOVANNA, CRIADOS

Lo ritorna alla ragione
la presenza del suo re...

SILVA

Lo signor, dolente io sono.

CARLOS

$orgi, amico'io ti perdono.

SILVA

Questo incognito serbato

CARLOS

Ben lo veggo, t'ha ingannato.
Morte colse l'avo augusto
or si pensa al successore.
La tua fe conosco e il core
vo' i consigli d'un fedel.

SILVA

Mi fia onore...onor supremo.

CARLOS

Se ti piace, il tuo castel
questa notte occuperemo.

60. ¡Tuya para siempre o éste hierro
puede salvarme de los tiranos!
Me consuela en mis penas
la constancia de mi fe.

61. Óyeme Elvira; al amanecer
sabré sustraerte a tanta pena
pero resiste a tu tirano,
y guarda para Ernani tu fe.

62. Yo no podía sospechar
la presencia de mi rey.

63.

Lo vuelve a la razón
la presencia de su rey...

Se arrodilla ante el rey.

64. Señor mío, lo siento mucho.

65. Levántate, amigo, yo te perdono.

66. Ese disfraz que usas

67. Bien lo veo, te ha engañado
La muerte tomó a mi augusto ancestro
ahora piensan el su sucesor.
Conozco tu fe
y mi corazón quiere los consejos de fiel.

68. Me hace un honor...honor supremo.

69. Si te place, ésta noche
ocuparemos tu castillo.

ELVIRA Y ERNANI
Che mai sento?

CARLOS
Vo' salvarti.

Sul momento questo fido partirà.

ELVIRA
[Sentì il ciel di me pietà.]

ERNANI
Io tu fido?
Il sarò a tutta l'ore
come spettro ohe cerca vendetta
Dal tuo ucciso il mio padre l'aspetta
l'ombra irata placare saprò:
L'odio inulto, che m'arde nel core
tutto spegnere alfine potrò.

ELVIRA
Fuggi, Ernani, ti serba al mio amore
fuggi, quest'aura funesta;
qui, lo vedi, qui ognun ti detesta.
Va, un accento tradire ti può.
Come ulto possiedi il mio core
la mia ede serbarti saprò.

ERNANI
L'ombra irata placare saprò.

CARLOS
Più d'ogni altro vagheggio il fulgore
di che splende cesarea corona,
se al mio capo destino la dona,
d'essa degno mostrarmi saprò.
La clemente giustizia e il valore
meco ascendere in trono farò.

70.   ¿Qué oigo?

A Ernani.
71.   Quiero salvarte.
A Silva señalandole a Ernani.
En éste momento éste fiel hombre partirá.

72.   [Que el cielo tenga piedad de mí.]

73.   ¿Yo tu fiel hombre?
Lo seré en toda hora
como espectro que busca venganza
y que mi padre muerto por el tuyo, espera
Sabré la sombra iracunda:
odio arraigado que me arde en el corazón
al fin podré apagarlo.

A Ernani
74.   Huye Ernani, consérvate para mi amor
huye, de éste aire funesto;
aquí, lo ves, aquí, todos te detestan.
Vete, una palabra te puede traicionar.
Como posees todo mi corazón
sabré guardarte mi fidelidad.

75.   Sabré la sombra iracunda.

A Silva y Ricardo.
76.   Más que cualquier otro yo aspiro a la gloria
con la que brilla la imperial corona,
si en mi cabeza el destino la coloca,
de ella digno mostrarme sabré.
La clemente justicia y el valor
conmigo la haré ascender al trono.

IAGO, CRIADOS

[Silva i gioia cangiato ha il furore.
tutta lieta or si vede quell'alma
Come in mare ritorna la calma
quando l'ira de venti passò.
La dimora del re, nuovo onore,
al castello di Silva apportò.

SILVA, RICCARDO

Nel tu dritto confida, o signore,
è d'ogni altro più santo e più giusto.
No, giammai sovra capo più augusto
mai de Cesari il lauro posò.
Chi d'Iberia possiede l'amore
quello tutto del mondo mertò.

GIOVANNA

Perché mai dell'etade in sul fiore
perché Evira smarrita ed oppressa
or che il giomo di nozze s'appressa
non di gioia un sorriso mostrò?
Ben si vede... l'ingenuo suo core .
... simulare gli affetti non può.

ELVIRA

Come tutto possiedi il mio core
la mia fede serbarti saprò.

ERNANI

L'odio nulto che m'arde nel core
tutto spegnere alfine potrò.

77. [Silva ha cambiado su furor en a agria
muy alegre ahora se ve su espíritu
como en el mar retorna la calma
cuando la ira del viento pasó.
La permanencia el rey, nuevo honor,
al castillo de silva aportó.

A Carlos.
78. En tu derecho confía, oh señor,
es más santo y más justo que
jamás sobre no,
cabeza más augusta
se posó el laurel imperial.
Quien de Iberia posee el amor
lo ha merecido de todo el mundo.

79. ¿Por qué en la flor de su edad
porqué Elvira perdida y oprimida
hora que el día de la boda se aproxima
no mostró ni una sonrisa de alegría?
Bien se ve que su ingenuo corazón
... no puede simular afecto.

A Ernani.
80. Como tú posees todo mi corazón
sabré conservar mi fidelidad.

81. El odio arraigado que me arde en el corazón
al fin podré extinguirlo.

Acto Segundo

Un magnifico salon en el castillo de silva.
Retratos de la familia Silva bellamente enmarcados estan decorando las paredes.
Una armadura de caballero flanquea a cada uno de los cuadroñs.
Caballeros, pajes damas de vcompañia se encuentran en espera de la llegada de Silva.

TODOS

Esultiamo! Letizia ne inondi!
Tutto arrida di Silva al castello
no, di questo mai giorno più bello
dalia balza d'Oriente spuntò.
Esultiamo! Esultiam!

Quale fior che le aiuole giocondi
olezzando dal vergine stelo
cui la terra vagheggia ed il cielo
è d'Elvira la rara beltà.

Tale flor sarà colto, adorato,
dal più bello e gentil cavaliere
ch'ora vince in consiglio e sapere
quanti un di con valore eclissò.

Sia il connubio, qual merta,
beato
e se lieto esser possa di prole
come in onda ripetesi il sole:
dè parenti abbia senno e beltà
Esultiamo! Esuiltiam!

SILVA

Iago, qui tosto il pellegrin adduci.

82. ¡Regocijémonos! ¡La alegría nos inunda!
Todo sonríe en el castillo de Silva,
nunca había despuntado un día más bello
en la barranca de Oriente.
¡Regocijémonos! ¡Regocijémonos!

Cual flor que con alegría
respira el perfume del virgen tallo
la tierra y el cielo codician
de Elvira la rara belleza.

Tal flor será cortada y adorada,
por el más guapo y gentil caballero
que ahora vence en juicio y sabiduría
todo lo que un día con valor eclipsó.

Sea el matrimonio, como lo merece,
bendecido
y si puede ser feliz con descendencia
como el sol se refleja en las olas:
que de sus padres tengan sensatez y belleza
¡Regocijémonos! ¡Regocijémonos!

Entrando con Iago.

83. Iago, trae al peregrino en éste momento.

Iago sale y regresa con Ernani, disfrazado de peregrino.

ERNANI

Sorrida il cielo a voi.

84. Que el cielo te sonría.

SILVA
T'appressa o pellegrin,
chiedi, che brami?

85. ¿Acércate peregrino,
qué es lo que quieres?

ERNANI
Chieggo ospiotalità.

86. Quiero hospitalidad.

Señalando a los retratos.

SILVA
Fu sempre sacra a Silva, e lo sarà
Qual tu sia, donde venga
io già saper non voglio.
Ospite mio sei tu, ti manda Iddio, disponi.

87. Fue siempre sagrada para Silva, y lo será
Quien seas, de donde vengas,
yo no quiero saberlo.
Dios te manda, tú dispones.

ERNANI
A te, signor, mercè.

88. Gracias a ti señor.

SILVA
Non cale,
qui l'ospite è signor.

89. No es necesario,
aquí el huésped es señor.

Elvira sale de sus habitaciones vestida de novia seguida por sus damas.

SILVA
Vedi? La sposa mia s'appressa.

90. ¿Ves? Mi novia se aproxima.

ERNANI
Sposa!

91. ¡Novia!

SILVA
Fra un hora

A che d'anello e di ducal corona
non t'adornasti Elvira?

92. Dentro de una hora
A Elvira
¿Por qué no llevas
el anillo y la corona ducal Elvira?

ERNANI
Sposa! Fra una hora!
Adunque di nozze il dono
io voglio offrirti, o duca.

93. ¡Esposa! ¡Dentro de una hora!
Entonces un regalo de bodas
yo quiero ofrecerte, oh duque.

SILVA
Tu?

94. ¿Tu?

ERNANI
Si!

95. ¡Si!

ELVIRA.
Che intendo?

96. ¿Qué oigo?

SILVA
E quale?

97. ¿Cual?

Arrojando sus ropas de peregrino.

ERNANI
Il capo mio.

98. Mi cabeza.

ELVIRA
[Ernani egli è!] Gran Dio!

99. [¡Es Ernani!] ¡Gran Dios!

ERNANI
Oro, quant'oro ogn'avido
puote saziar desio,
a tutti v'offro, abbiatelo
prezzo del sangue mio
Mille guerrier m'inseguono,
siccome belva i cani
sono il bandito Ernani,
odio me stesso e il di.

100. Oro, ese oro que puede
saciar el deseo de los ávidos
Lo ofrezco a todos, tomento
es el precio de mi sangre
Mil guerreros me siguieron
como a la bestia los perros
soy el bandido Ernani,
me odio a mí mismo y a la luz del día.

ELVIRA
[Ohimè, ohimè!
Si perde il misero!]

101. [¡Cielos, cielos!
¡El pobre está perdido!]

SILVA
[Smarrita ha la ragione.]

102. [Ha perdido la razón.]

ERNANI
I miei dispersi fuggono
vostro son io prigione,
al re mi date, e premio.

103. Los míos huyeron,
soy tu prisionero,
entrégame al rey, y el premio.

SILVA
Ciò non sarà, lo giuro,
rimanti qui sicuro,
Silva giammai tradi.

104. Eso no pasará, juro,
permanece seguro aquí,
Silva jamás traiciona.

ELVIRA
Ohimé, si perde il misero, ohimè!

105. ¡Cielos, el pobre está perdido, cielos!

ERNANI
Al re mi data, mi date al re...

106. Entrégame al rey, al rey entrégame...

SILVA

In queste mura ogn'ospite
ha i dritti, d'un fratello.
Olà, miei fidi, s'armino
le torri del castello.

Seguitemi.

107. Dentro de estos muros todo huésped
tiene los derechos de un hermano.
Hey! mis fieles que: se armen
las torres del castillo.
A Elvira.
Sígueme.

*Elle hace una señal a Elvira para que se retire con sus damas,
y entonces sale seguido por lago y los criados.
Cuando se ha ido, Elvira regresa a Ernani.*

ERNANI

Tu, perfida!
Come fissarmi ardisci?

108. ¡Tú, pérfida!
¿Cómo te atreves a mirarme?

ELVIRA

A te il mio sen,
ferisci, ma fui e son fedel, sì.
Fama te spento credere, fece dovunque.

109. Golpea mi seno,
hiéreme, pero te fui y te soy fiel, si,
los rumores te reportaron muerto.

ERNANI

Spento!
Io vivo ancora!

110. ¡Muerto!
¡Todavía vivo!

ELVIRA

Memore del fatto giuramento,
sull'ara stenda estinguere
me di pugnal volea, ah
non sono rea come tu sei crudel.

Mostrandole una daga.
111. En memoria del juramento que hice,
sobre el mismo altar quería morir
apuñalada, no soy tan culpable
como tú eres cruel.

ERNANI

Tergi il pianto, mi perdona,
fu delirio.
T'amo, sì, t'amo ancor.

112. Seca tu llanto, perdóname,
fue deliro.
Te amo, si, todavía te amo.

ELVIRA

Caro accento!
Al cor mi suona più potente
del dolor.

113. ¡Queridas palabras!
A mi corazón le suenan más fuerte que
el dolor.

ELVIRA Y ERNANI

Ah morir, potessi adesso
o mio Ernani (Elvira), sul tuo petto.

114. Ah, si pudiera morir ahora
Oh Ernani (Elvira) mío sobre tu peche.

ELVIRA Y ERNANI
Preverrebbe questo amplesso
la celeste voluttà.
Solo affanni il nostro affetto
sulla terra a noi darà.

(continuó)
Este abrazo anticipa
la celeste voluntad.
Solo penas nuestro amor
sobre la tierra nos dará.

Mientras ellos se abrazan, regresa Silva, que los separa espada en mano.

SILVA
Scellerati, il mio furore
non ha posa, non ha freno
strapperò l'ingrato core,
vendicarmi saprò almeno.

115. Desdichados, mi furia
no tiene ni reposo ni freno,
desgarraré al ingrato corazón,
al menos sabré vengarme.

IAGO
Alta porta del castello
giunse il re con un drappello,
vuole ingresso.

Entra de prisa.
116. El rey ha llegado con una escuadra
a la puerta el castillo,
quiere entrar.

SILVA
S'apra al re.

117. Que le abran al rey.

ERNANI
Morte invoco or io da te.

118. Ahora te pido la muerte.

SILVA
No, vendetta più tremenda
vo' serbata alta mia mano;
vien, ti cela, ognuno invano
rinvenite tenterà.
A punir l'infamia orrenda
Silva, solo basterá.

119. No, venganza más tremenda
le tengo reservada a mi mano;
ven, escóndete, todos en vano
tratarán de encontrarte.
Para castigar la horrenda infamia
bastará solo Silva.

ELVIRA Y ERNANI
La vendetta più tremenda
su me compia la tua mano
ma con lui/lei ti serba umano
abbi un'aura de pietade
L'ira tua su me sol penda
colpa in lui/lei non giuro, non v'ha.

120. La venganza más tremenda
que la cumpla tu mano
pero consérvate humano (na)
con un poco de piedad
Deja que tu ira solo penda sobre mi
juro que él (ella) no tiene culpa.

SILVA
A punir l'infamia orrenda
Silva solo basterà.

121. Para castigar la horrenda infamia,
Silva solo bastará.

Ernani entra a una puerta detras de un cuadro,
mientras silva señala el camino Elvira se retira a sus habitaciones.
Carlos entra con Ricardo y algunos caballeros.

CARLOS
Cugino, ah che munito
il tuo castel ritrovo?
Rispondimi.

SILVA
Signore.

CARLOS
Intendo.
Di ribellione l'idra
miseri conti e duchi ridestate?
Ma veglio anch'io,
e né merlati covi quest'idre tutte
soffocar saprò,
e covi e difensori abbatterò
Parla.

SILVA
Signore! Silva son leali.

CARLOS
Vedremo
Dé ribelli l'ultima torma, vinta,
fu dispersa;
il capo lor bandito, Ernani
al tuo castello ebbe ricetto.
Tu me'l consegna, o il foco
ti prometto, qui tutto appianerà.
S'io fede attenga,
tu saper ben puoi.

SILVA
Nol niego, è ver,
tra noi un pellegrino giunse,
ed ospitalità chiese per Dio,
tradirlo non degg'io.

CARLOS
Sciagurato!
E il tuo re tradir vuoi tu?

122. ¿Primo, por qué razón
encuentro el castillo armado?
Respóndeme.

123. Señor.

124. Entiendo.
¿La hidra de la rebelión despertó a
miserables condes y duques?
Pero también yo estoy despierto
y en las almenas yo podré
sofocar a todas esas hidras,
y almenas y defensores abatiré.
Habla.

125. Señor, los Silva son leales.

126. Ya veremos
La última horda de rebeldes
fue dispersada;
el cabecilla de los bandidos, Ernani
recibió refugio en tu castillo.
Tú me lo entregas o el fuego
te lo prometo arrasará todo.
Yo mantendrá mi palabra como
tu bien lo sabes.

127. No lo niego, es verdad, entre nosotros
está un peregrino que llegó,
y pidió hospitalidad en el nombre de Dios,
no debo traicionarlo.

128. ¡Desgraciado!
¿Y tú quieres traicionar a tu rey?

SILVA

Non tradiscono i Silva.

CARLOS

Il capo tuo, o quel d'Ernani io voglio
Intendi?

SILVA

Abbiate il mio.

CARLOS

Tu, Don Riccardo, a lui togli la spada.

Voi, del castello ogni angolo cercate
scoprite il traditore.

SILVA

Fida è la rocca come il suo signore.

CARLOS

Lo vedremo veglio audace,
se resistermi potrai
se tranquillo sfiderai
la vendetta del tuo re.
Essa rugge sul tuo capo,
pensa pria che tutta scenda,
più feroce, più tremenda
d'una folgore su te.

SILVA

No, de Silva il disonore
non vorrà d'Iberia un re.

CARLOS

Il tuo capo o traditore
altro scampo, no, non v'è.

129. Los Silva no traicionan.

130. Quiero tu cabeza o la de Ernani.
¿Entiendes?

131. Toma la mía.

132. Tu Don Ricardo, toma la espada e él.
A los demas.
Ustedes, busquen en todos los ángulos del
castillo descubran al traidor.

133. El castillo es fiel como su señor.

134. Lo veremos, viejo audaz,
si me puedes resistir
si tranquilo desafías
la venganza de tu rey.
Ella ruge sobre tu cabeza,
piensa antes de que descienda
más feroz y más tremenda,
que un rayo sobre ti.

135. No el deshonor de Silva,
no lo querrá el rey de Iberia.

136. Tu cabeza, oh traidor
no, no hay otro modo.

Los caballeros regresan con algunas armas.

CABALLEROS

Fu splorata del castello
ogni latebra più occulta
tutto invano del ribello
nulla traccia si scoprì.
Fur le scolte disarmate
l'ira tua non andrà inulta,
ascoltar non dêi pietade
per chi fede onor tradì.

137. El castillo fue explorado
en todos sus escondites
todo en vano, no se encontraron
huellas del rebelde.
La escolta fue desarmada
tu ira no quedará insatisfecha
no escuches peticiones de piedad
para quien fe y honor traiciona.

CARLOS

Fra tormenti parleranno,
il bandito additeranno.

138. Entre tormentos hablarán,
y al bandido señalarán.

Entra de prisa con Giovanna y las damas y se arroja a los pies de Carlos.

ELVIRA

Deh! Cessate,
in regal core non sia muta la pietà.

139. ¡Detente!
Que en el real corazón no sea muda la
piedad.

CARLOS

Tu me'i chiedi?
Ogni rancore per Elvira tacerà.

Della tua fede statico
questa donzella sia.
Mi segua, o dei colpevole.

Levantando a Elvira.
140. ¿Tú me lo pides?
Todo el rencor por Elvira callará.
A Silva.
Que ésta doncella sea rehén
de tu lealtad.
Que me siga, o del culpable.

SILVA

No, no, ciò mai non fia.
Deh, sire, in mezzo all'anima
non mi voler ferir...
Ah, io l'amo, al vecchio misero
solo conforto è in terra,
non mi volerla togliere
pria questo capo atterra.

141. Nono debe ser.
¡Señor, que en medio de mi alma
me quieras herir, no!
Ah, yo el amo, del pobre viejo
es el único consuelo en la tierra,
no te la lleves de mí
que primero caiga mi cabeza.

CARLOS

Adunque, Ernani?

142. ¿Entonces, Ernani?

SILVA

Seguati.
La fè non vo' tradir.

143. Que te siga.
No traicionaré mi fe.

CABALLEROS

Ogni pietade è inutile
t'è forza l'obbedir.

144. Toda piedad es inútil
a fuerza tienes que obedecer.

CARLOS

A Elvira.

Vieni meco, sol di rose
intrecciari ti vo' la vita,
vieni meco, ore penose
per te il tempo, no, non avrà
Tergi il pianto, o giovinetta,
dalla guancia scolorita
pensa al gaudio che t'aspetta
che felice ti farà.

145. Ven conmigo, solo con rosas
quiero entretejer tu vida
ven conmigo, horas penosas
para ti el tiempo nono tendrá.
Seca tu llanto oh jovencita,
de mejillas descoloridas
piensa en la alegría que te espera,
que te hará feliz.

GIOVANNA Y DAMAS

Ciò la morte a Silva affretta
più che i danni dell'età.

146. Eso apresura la muerte de Silva
más que los daños de la edad.

RICCARDO y CABALLEROS

A Elvira.

Credi, il gaudio che t'aspetta
te felice renderà.

147. Cree en la alegría que te espera
y que feliz te hará.

SILVA

Sete ardente di vendetta
Silva appien ti appagherà.

148. Sed ardiente de venganza
que Silva apagará.

ELVIRA

Ah, la sorte che m'aspetta
il mio duolo eternerà.

149. Ah, la suerte que me espera
hará mi duelo eterno.

CARLOS

Ah, vieni meco sol di cose.

150. Ah, ven conmigo, solo de rosas.

Carlos parte con los caballeros, llevándose a Elvira que se sostiene del brazo de Giovanna, sus damas la siguen.

SILVA

Vigile pure il ciel sempre su te.
L'odio vivrà in cor mio
pur sempre, o re.

151. Que el cielo siempre te cuide.
El odio vivirá en mi corazón
por siempre oh rey.

Toma dos espadas de un armario, abre la puerta secreta y las muestra a Ernani.

Esci,
Esci... a te scegli, seguìmi.

Sal,
Escoge una y sígueme.

ERNANI
Seguirti? Dove?

SILVA
Al campo.

ERNANI
No vo', nol deggio...

SILVA
Misero!
Di questo acciaro al lampo impallidisci?
Seguimi.

ERNANI
Mel vietan gli anni tuoi.

SILVA
Vien, ti disfido, o giovane,
uno di noi morrà.

ERNANI
Tu m'hai salvato, uccidimi,
m'ascolta, per pietà.

SILVA
Morrai.

ERNANI
Morrò, ma pria l'ultima prece mia.

SILVA
Volgerla a Dio tu puoi.

ERNANI
No, no, la rivolgo a te.

SILVA

Parla, parla.
[ho l'inferno in me]

ERNANI
Ah, una sol volta, un'ultima
fa ch'io la vegga...

152. ¿Seguirte? ¿A dónde?

153. Al campo.

154. No quiero; no debo...

155. ¡Desgraciado!
¿El brillo de éste acero e hace palidecer?
Sígueme.

156. Me lo impiden tus años.

157. Ven te reto, oh joven,
uno de nosotros morirá.

158. Tú me has salvado, mátame,
escúchame por piedad.

159. Morirás.

160. Moriré, pero antes la última petición mía.

161. Puedes pedirla a Dios.

162. No te la pido a ti.

163.
Habla, habla.
[tengo un infierno dentro de mi]

164. Ah, una sola vez, una última
haz que yo la vea...

SILVA
Chi?

ERNANI
Elvira!

SILVA
Or, or parti, seco la trasse il re.

ERNANI
Vechio, che mai facesti?
Nostro rivale egli è.

SILVA
Oh rabbia, oh rabbia!
Il ver dicesti?

ERNANI
L'ama.

SILVA
Vassalli, all'armi, all'armi.

ERNANI
A patite dêi chiamarmi
di tua vendetta.

SILVA
No, te prima ucciderò.

ERNANI
Teco la voglio compiere,
poscia m'ucciderai.

SILVA
La fè mi serberai?

ERNANI
Ecco il pegno.
Nel momento in che
Ernani vorrai spento,
se uno squillo intenderà
tosto Ernani morirà.

SILVA
A me la destra... giuralo.

165. ¿A quién?

A Elvira
166. ¡Elvira!

167. Ella partió ahora, el rey se la llevó con él.

168. ¿Viejo, que fue Lo que hiciste?
Él es nuestro rival.

169. ¡Oh rabia, oh rabia!
¿El rey, has dicho la verdad?

170. La ama.

Llama a sus caballeros.
171. Vasallos, a las armas, a las armas.

172. Debes llamarme
para participa en tu venganza.

173. No, primero te mataré.

174. Contigo quiero consumarla,
después me mataras.

175. ¿Cumplirás tu palabra?

Le dá un cuerno de caza.
176. Aquí está la prenda.
En el momento en que
quieras muerto a Ernani,
hazlo sonar y al escucharlo
Ernani de inmediato morirá.

177. Dame tu mano, júralo.

ERNANI
Pel padre mio lo giuro.

178. Lo juro por mi padre.

ERNANI Y SILVA
Iddio n'ascolti, e vindice
punisca lo spergiuro,
l'aura, la luce manchino,
sia infamia al mentitor.

179. Que Dios nos escuche
y castigue al perjuro,
que el aire y la luz le falten,
al infame que mienta.

Entran corriendo los caballeros de Silva.

CABALLEROS
Salvi ne vedi e liberi
á cenni tuoi, signor.

180. Estamos salvos y libres
a tus ordenes señor.

SILVA
L'ira mi torna giovane
s'insegua il rapitor.

181. La ira me transforma en joven
persigamos al raptor.

ERNANI Y SILVA
In arcione, cavalieri,
armi, sangue, vendetta.

182. A los caballos caballeros,
armas, sangre, venganza.

CABALLEROS
Pronti vedi il tuoi cavalieri,
per te spirano sangue, vendetta.

183. Listos ves a tus caballeros, por ti ellos
respirarán sangre y venganza.

ERNANI Y SILVA
Sangue, sangue, vendetta, vendetta;
Silva stesso vi guida, v'affretta
premio degno egli darvi saprà.

184. Sangre, sangre, venganza, venganza;
El mismo Silva los gula y los apura,
él les dará un digno premio.

CABALLEROS
Sangue, sangue, vendetta, vendetta;
se di Silva la voce gli affretta,
più gagliardo chiascuno sarà!

185. Sangre, sangre, venganza, venganza.
¡Si la voz de Silva te apresura
más gallardos todos serán!

Empuñando sus espadas.

ERNANI, SILVA Y CABALLEROS
Questi brandi di morte forieri,
d'ogni cor troveranno la strada,
Chi resister s'attenti, pria cada
fia delitto il sentire pietà.

186. Estas espadas portadoras de muerte,
encontraran el camino a todos los corazones
El que intente resistir, que caiga primero
y que sea delito el sentir piedad.

Todos parten blandiendo sus espadas.

Acto Tercero

La tumba de Carlomagno en Aix-La-Chapelle.
La tumba lleva la inscripción "Carlo Magno."
Una escalera baja d gran puerta.
Dos débiles luces cuelgan en el centro permiten ver a Carlos y a Ricardo entrando
silenclosamente envueltos en sendas capas. Ricardo lleva una antorcha.

CARLOS È questo il loco?	187.	¿Es éste el lugar?
RICCARDO Si.	188.	Si.
CARLOS È l'ora?	189.	¿Es la hora?
RICCARDO È questa. Qui s'aduna la lega.	190.	Si es. Aquí se reúne la liga.
CARLOS ...Che contro me cospira! Degli asassini al guardo l'avel mi celerà di Carlo Magno. E gli elettor?	191.	...¡Que contra mi conspira! De la mirada de los asesinos me esconderá la tumba de Carlo Magno: ¿Y los electores?
RICCARDO Raccolti. Cribrano i dritti a cui spetti del mondo la più bella corona, il lauro invitto de Cesari decoro.	192.	Están juntos. Ellos están investigando los derechos del que merece la más hermosa corona, el in conquistado laurel de los Usares.
CARLOS Lo so, mi lascia. Ascolta, se mai prescelto io sia, tre volte il bronzo ignivomo dalla gran torre tuoni.	193.	Lo sé. Déjame. Escucha, si me encuentran, que dispare tres veces el cañón de bronce de la gran torre.

CARLOS

Tu poscia scendi a me;
qui guida Elvira.

RICCARDO

E vorreste?

CARLOS

Non più... Fra questi avelli
converserò co' morti
e scoprirò i ribelli.

Gran Dio!
Costor sui sepolcrali marmi
affilano il pugnal per trucidarmi
Scettri! Dovizie! Onori! Bellezza!
Gioventù! Che siete voi?
Cimbe natanti sovra il mar degl'anni,
cui l'onda batte d'incessanti affanni
finché giunte allo scoglio della tomba
con voi nel nulla il nome vostro piomba!
Oh, de verd'anni miei
sogni e bugiarde larve
se troppo vi credei
l'incanto ora disparve.
S'ora chiamato sono
al più sublime trono,
della virtu com'aquila
sui vanni m'alzerò, ah,
e vincitor dèsecoli
il nome mio farò.

(continuó)
Después tú vienes a mí;
y trae a Elvira.

194. ¿Entonces quieres?

195. No más... Entre éstas tumbas
conversaré con los muertos
y descubriré a los rebeldes.
Ricardo parte.
¡Gran Dios!
Ellos en los mármoles de éstos sepulcros
afilan el puñal para asesinarme
¡Cetros! ¡Riquezas! ¡Honores! ¡Bellezas!
¡Juventud! ¿Qué eres tú?
¡Barcas, flotando sobre el mar de los años,
que las olas golpean incesantemente
hasta llegar al escollo de la tumba
en donde tu nombre caiga en la nada!
Oh sueños de mis verdes años
si creí mucho en ustedes
el encanto ahora
se ha desvanecido
Si ahora soy llamado
al más sublime trono
de la virtud, como águila
me alzaré y haré
a mi nombre,
vencedor del siglo.

El abre la tumba de Carlomagno con una llave y entra en ella.
Los miembros de la liga de conspiradores llegan silenciosamente envueltos en pesadas capas.

CONSPIRADORES

Ad augusta!
Chi va là?
Per augusta!
Bene stà.
Per la lega santo ardor
l'alma invada, accenda i cor.

196. ¡Ad Augusta!
¿Quién va ahí?
¡Per augusta!
Está bien.
Por la Liga, santo ardor
invada el alma y eleve el corazón.

Llegan Ernani, Silva y Iago, vestidos como los otros conspiradores.

ERNANI Y SILVA

Ad augusta!

197. ¡Ad augusta!

LIGA

Per augusta!

198. ¡Ad augusta!

TODOS

Per la lega santa e giusta
dalle tombe parlerà
del destini la volontà.

199. Por la liga santa y justa
desde la tumba hablará
del destino la voluntad.

SILVA

All'invito manca alcuno?

200. ¿Falta alguno de los convocados?

LIGA

Qui codardo havvi nessuno.

201. Aquí no hay cobardes.

SILVA

Dunque svelesi il mistero.
Carlo aspira al sacro impero.

202. Entonces revelemos el misterio.
Carlos aspira al sacro imperio.

IAGO Y LIGA

Spento pria qual face cada
Dell'iberica contrada franse i dritti
s'armerà ogni destra che qui sta.

203. Que caiga como antorcha apagada
El aplastó los derechos de las tierras Ibéricas
se armarán todas las manos que están aquí.

SILVA

Una basti
La sua morte
ad un sol fidi la sorte.

204. Basta con una.
Que la suerte decida quién
es el que le dará muerte.

Cada hombre escribe su nombre en un papel y lo coloca en una de las tumbas.
Miran como Silva se acerca a la tumba y extrae un papel.

CONSPIRADORES

È ognun pronto in ogni evento
a ferire od esser spento.
Qual si noma?

205. Todos estén listos en todos los eventos
a herir o ser muertos.
¿Quién es el nombrado?

SILVA

Ernani.
È desso!

206. Ernani.
¡Es él!

IAGO Y LIGA

È desso!

207. ¡Es él!

39

ERNANI

Oh qual gaudio or m'è concesso!
Padre, ah padre!

IAGO Y CORO

Se cadrai, vendicato ben sarai.

SILVA

L'opra o giovine mi cedi.

ERNANI

Me si vile, o vecchio, credi?

SILVA

La tua vita gli aver miei
io ti dono.

ERNANI

No.

SILVA

Potrei ora astringerti a morir.

ERNANI

No, no; vorrei prima ferir.

SILVA

Dunque, o giovane t'aspetta
la più orribile vendetta.

TUTTI

Noi fratelli in tal momento
stringa un patto, un giuramento.

TODOS

Un patto! Un giuramento!
Si ridesti il Leon di Castiglia
e d'Iberia ogni monte, ogni lito,
eco formi al tremendo ruggito
come un di contro i Mori oppressor.
Siamo tutti una sola famiglia
pugnerem colle braccia, co' petti;
schiavi inulti più a lungo
e negletti
non sarem

208.   ¡Qué alegría me han concedido!
       ¡Padre, ah, padre!

209.   Si tú caes, serás vengado.

       A Ernani
210.   Joven, cédeme la tarea.

211.   ¿Me crees tan vil, viejo?

212.   Yo te daré tu vida
       y mis posesiones.

213.   No.

       Le muestra el cuerno.
214.   Ahora yo podría forzarte a morir.

215.   Nono yo quisiera primero herir.

216.   Entonces, joven, te espera
       la más horrible venganza.

217.   Hermanos, en éste momento
       unámonos en un pacto, en un juramento.

218.   ¡Un pacto! ¡Un juramento!
       Que despierte el León de Castilla
       y de Iberia, todos los montes y reglones
       formen eco con su tremendo rugido,
       como un día contra el Moro opresor.
       Seamos todos una sola familia
       lucharemos con los brazos, con los pechos;
       ya no seremos ni esclavos ni estar
       remos olvidados estaremos
       olvidados más tiempo

TODOS

finché vita abbia il cor.
Morte colga, o n'arrida vittoria
pugnerem, ed il sangue dé spenti
nuovo ardir ai figliuoli viventi.
Forze nuove al pugnare darà
sorga alfine radiante di gloria
sorga un giomo a brillare su noi,
sarà Iberia feconda d'eroi
dal servaggio redenta sarà.

(continuó)

mientras tenga vida el corazón.
Si la muerte llega, o nos sonríe la victoria,
lucharemos y la sangre de los muertos
dará nuevo ardor a los hijos vivientes.
Fuerza nueva dará para luchar
surja al fin radiante de gloria
surja un día a brillar sobre nosotros,
Iberia será fértil en héroes
y será redimida de la servidumbre.

Se oye un disparo de cañón.

Qual rumore?

¿Qué es ese ruido?

Se oye otro disparo y la puerta del monumento se abre.

Che sarà?
Il destin si compirà.

¿Qué será?
El destino se cumplirá.

Un tercer disparo se escucha, Carlos aparece.

Carlo Magno Imperator!

¡El Emperador Carlomagno!

Golpea tres veces la puerta de bronce.

CARLOS

Carlos Quinto, o traditori!

219. ¡Carlos Quinto, oh traidores!

Se abre la gran puerta y entran seis electores, ricamente vestidos
en brocados de color dorado, seguidos por pajes,
que llevan un cojín de terciopelo con la corona y el cetro y otras insignias imperiales.
Caballeros germanos y españoles y sus damas rodean al Emperador.
Entre ellas está Elvira seguida por Giovanna

RICCARDO

L'elettoral consesso
v'acclamava augusto imperatore
e le cesaree insegne, o Sire,
ora v'invia.

La asamblea electoral
220. te aclama augusto emperador,
y la insignia imperial, oh señor,
ahora te envía.

CARLOS

La volontá del del sarà la mia.
questi ribaldi
contro me cospirano.
Tremate o vili, adesso?
E tardi!

A los electores.
221. La voluntad del cielo, seré la mía.
Estos bribones,
conspiraron contra mí a los conspiradores.
¿Tiemblan ahora oh viles?
¡Es tarde!

CARLOS
Tutti in mia man qui siete...
la mano stringerò, tutti cadrete.

Dal volgo si divida
solo chi è conte o duca,
prigion sia il volgo,
ai nobili la scure.

ERNANI
Decreta dunque o re,
morte a me pure
Io son conte, duca sono
Di Segorbia, di Cardona.
Don Govanni d'Aragona
riconosca ognun in me.
Or di patria e genitore
mi sperai vendicatore.
Non t'uccisi,
t'abbandono questo capo
il tronca o re.

CARLOS
Si, cadrà... con altri appresso.

ELVIRA
Ah! Signor, se t'è concesso
ilmaggiore d'ogni trono
questa polvere negletta
or confondi con perdono
sia lo sprezzo tua vendetta
che il rimorso compirà.

CARLOS
Taci, o donna.

ELVIRA
Ah no, non sia.
Parlò il ciel per voce mia.
Virtù augusta è la pietà.

CARLOS
O sommo Carlo, più del tuo nome
le tue virtudi ,aver vogl'io.

(continuó)
Todos están, aquí en mi mano
apretaré la mano y caerán todos.
A los guardias.
Separen del vulgo
solo a los que sean condes o duques
apresen al vulgo,
a los nobles el hacha.

Avanzando con orgullo entre los nobles.
222. Decreta entonces oh rey,
la muerte para mí también,
Soy conde, soy duque
de Segovia, de Cardona.
Reconozcan en mí a
Don Juan de Aragón.
Ahora espero ser el vengador
de mi patria y de mis padres.
No te maté
abandono ésta cabeza a ti,
córtala oh rey.

223. Si, caerá.... junto con la de otros.

Arrojándose a los pies del rey.
224. ¡Ah! Señor si el mayor de todos los tronos
te fue concedido,
a éste humilde polvo
ahora confúndelo con tu perdón
y que sea tu venganza el desprecio
que el remordimiento traerá.

225. Calla, mujer.

Se levanta.
226. Ah, que no sea así.
Habló el cielo atravesó de mi voz.
Virtud augusta es la piedad.

Ante la tumba de Carlomagno.
227. Oh gran Carlo, más que tu nombre
quiero tener tus virtudes.

CARLOS

saró, lo giuro, a te e a Dio,
delle tue gesta, imitator.

Perdono a tutti.

Mie brame ho dome.

(continuó)
Yo seré, lo juro, a ti y a Dios,
imitador de tu gesta.
A los conspiradores.
Los perdona a todos.
A si mismo.
He domado a mis deseos.

Lleva a Evira hasta Ernani.

Sposi voi siate, v'amate ognor.
A Carlo Magno, sia gloria e onor!

Cásense, y ámense siempre.
Gloria y honor a Carlo Magno.

ELVIRA Y ERNANI

A Carlo Quinto, sia gloria e onor!
Sia lode etema, Carlo, al tuo nome!
Tu, re clemente, somigli a Dio,
perché l'offesa, copri d'oblio,
perchè perdoni, agli offensor!
Il lauro augusto, sulle tue chiome,
acquista insolito, divin fulgor.
A Carlo Quinto, sia gloria e onor!

228. ¡Gloria y honor a Carlos Quinto!
¡Loas eternas, Carlos, en tu nombre!
¡Tú rey clemente semejante a Dios,
porque cubres las ofensas con olvido,
porque perdonas al ofensor!
El laurel augusto sobre tu cabellera,
adquiere insólito fulgor divino.
¡Gloria y honor a Carlos Quintos!

RICCARDO, GIOVANNA, IAGO.

a Carlo Quinto sia gloria e onor!
Sia lode eterna, Carlo, al tuo, nome!
Tu, re clemente, somigli a Dio.
Perché l'offesa copri d'oblio,
perché perdoni, ogni offensor!
A Carlo Quinto sia gloria e onor!

229. ¡Gloria y honor a Carlos Quinto!
¡Loas eternas, Carlos, a tu nombre!
Tu rey clemente, semejante a Dios.
¡Porque la ofensa cubre con olvido,
porque perdonas a todo ofensor!
¡Gloria y honor a Carlos Quinto!

SILVA

Vendetta gridami l'offreso onor!
Oh, mie speranze, vinte, non dome,
tutte appagarvi, saprò ben io,
per la vendetta, per l'odio mio
avrà sol vita, in seno il cor!
Canute gli anni, mi fer le chiome,
ma inestiguible, è il mio livor!
Vendetta gridami, l'offeso onor!

230. ¡El honor ofendido grita: venganza!
¡Oh, mis esperanzas vencidas pero no
sometidas, yo sabré aplacarlas muy bien,
para la venganza, por el odio mío
habrá vida en el seno de mi corazón!
¡Los años han encanecido mis sienes,
pero mi furia es inextinguible!
¡Venganza grita, el honor ofendido!

CARLOS

Saró, lo giuro, a te ed a Dio,
delle tue gesta, imitator.
A Carlo Magno, sia gloria e onor!

231. Seré, lo juro, at y a Dios,
imitador de tu gesta.
¡Gloria y honor a Carlo Magno!

Acto Cuatro

Una terraza en el palacio de Don Juan en Aragon.
Atrás está una reja atraves de la cual pueden verse los iluminados jardines del palacio.
Damas, caballeros, pajes y criados van y vienen platicando entre ellos.

INVITADOS

Oh, come felici, gioscon gli sposi!	232. ¡Oh, como son felices los esposos!
Saranno qual fiori, cresciuti a uno stel	Serán como flores crecidas en el mismo tallo
Cessò la bufera, dei di procellosi;	la tempestad de los días tormentosos ya cesó;
sorrider sovr'essi, vorrà sempre il ciel.	sobre ellos siempre querrá sonreír el cielo.

Aparece un enmascarado vestido en dominó.

Chi è costui che qui s'aggira	¿Quién ese hombre de negra capa
vagolando in nero ammanto?	que anda fisgoneando?
Sembra spettroche un incanto	Parece espectro sacado de la tumba
dalle tombe rìvocò.	con un encanto.
Par celare a stento l'ira.	Parece esconder su ira con dificultad.
Ha per occhi brage ardenti.	Tiene carbones ardientes en los ojos.

El enmascarado, con gestos amenazantes se retira a los jardines y otros enmascarados llegan inesperadamente.

Vada, fugga dai contenti,	Dejen que se vaya,
che il suo aspetto funestò.	con su aspecto funesto.
Sol gaudio; sol festa, qui tutto risuoni,	¡Solo alegría y fiesta, resuenan aquí,
palesi ogni labbro	que todos los labios expresen
la gioia el cor!	la alegría del corazón!

Ellos salen mientras Elvira y Ernani regresan del salón de baile.

ERNANI

Cessaro i suoni,	233. Los sonidos cesaron,
dispari ogni face,	todas las antorchas desparecieron
di silenzî a mistero amor si piace.	el amor gusta del silencio y del misterio.
Ve' come gli astri stessi, Elvira mia,	Ve como los mismos astros, Elvira mía,
sorrider sembrano al felice imene.	parecen sonreír al feliz matrimonio.

ELVIRA
Così brillar vedeali di Silva dal castello,
allor che mesta io ti attendeva...
e all'impaziente core
secoli eterni rassembravan l'ore.
Or meco alfin sei tu.

ERNANI
E per sempre.

ELVIRA
O gioia!

ERNANI
Si, si, per sempre tuo.

ELVIRA Y ERNANI
Fino al sospiro estremo
un solo core avremo.

Se escucha el sonido de un cuerno a la distancia.

ERNANI
[Maledizion di Dio!]

ELVIRA
Il riso del tuo volto
fa ch'io veda.

ERNANI
Ah, la tigre domanda la sua preda!

ELVIRA
Cielo! Che hai tu? Che affanni?

ERNANI
Non vedi, Elvira, un infernal sogghigno,
che me, tra l'ombre, corruscante irride?
È il vecchio! Il vecchio! Mira!

ELVIRA
Ohimè, smarrisci i sensi!

Suena de nuevo el cuerno.

234. Así las vi brillar desde el castillo de Silva
cuando yo tristemente esperaba e
y al impaciente corazón
siglos eternos le parecían las horas
Ahora conmigo, al fin estás tú.

235. Y para siempre.

236. ¡Qué alegría!

237. Si, si, tuyo para siempre.

238. Hasta nuestro último suspiro
tendremos un solo corazón.

239. [¡Maldición de Dios!]

240. Haz que yo vea la sonrisa
de tu rostro.

De nuevo se escucha el cuerno.
241. ¡Ah, el tigre reclama su presa!

Aterrorizada.
242. ¡Cielos! ¿Qué tienes? ¿Cuáles penas?

243. ¿No puedes ver una infernal mueca
que entre las sombras se burla de mí?
¡Es el viejo! ¡El viejo! ¡Mira!

244. ¡Cielos, perdiste el sentido!

ERNANI.

Egli mi vuole!
Ascolta, o dolce Elvira,
solo ora m'ánge
una ferita antica
Va tosto per un farmaco, o diletta.

ELVIRA

Ma tu, signore!

ERNANI

Se m'ami, va, t'affretta.

Elvira va a la cámara nupcial.

ERNANI

Tutto ora tace intorno,
forse fu vana illusion la mia!
Il cor non uso
ad essere beato,
sognò forse le angosce del passato.
Andiam.

Cuando se dispone a seguir a Elvira, Silva, enmascarado, aparece en la escalera.

SILVA

T'arresta!

ERNANI

È desso!
Vieni il mirto a cangiarmi col cipresso!

SILVA

Ecco il pegno:
Nel momento in che
Ernani vorrai spento,
se uno squillo intenderà,
tosto Ernani morirà."

Se acerca a Ernani y se quita la máscara.

Sarai tu mentitor?

ERNANI

Ascolta, ascolta, un detto ancor.
Solingo, erante, misero,
fin da prim'anni miei,

245. ¡Él me quiere!
Escucha oh dulce Elvira,
ahora solo me atormenta
una antigua herida:
Querida, ve pronto por un fármaco.

246. ¡Pero tú, señor!

247. Si me amas, ve, apúrate.

248. ¡Ahora todo es silencio,
quizás fue vana ilusión la mía!
El corazón no acostumbrado
a ser bendecido
quizás soñó la angustia del pasado.
Vamos.

249. ¡Alto!

250. ¡Es él!
¡Viene a cambiar el mirto con el ciprés!

251. Aquí está la promesa:
"En el momento en que
quieras muerto a Ernani,
si se oye un tono,
en ese momento Ernani morirá."

¿Serás tú mentiroso?

252. Escucha, escucha todavía una palabra
Solo, errante y miserable,
en mis primeros años,

ERNANI

d'affanni amaro un calice,
tutto ingoiar dovei.
Ora che alfine arridere
mi veggo il del sereno,
lascia ch'io libi almeno
la tazza dell'amor.

(continuó)
tuve que ingerir
un amargo cáliz.
Ahora que al fin veo
sonreírme al cielo sereno,
deja que yo al menos libe
la copa del amor.

Ofreciéndole una daga y un frasco de veneno.

SILVA

Ecco la tazza.
Scegliere, ma tosto,
io ti concedo.

253. Aquí está la copa.
Yo te concedo escoger,
pero rápido.

ERNANI

Gran Dio!

254. ¡Gran Dios!

SILVA

Se tardi od esiti...

255. Si tardas o dudas...

ERNANI

Ferro e velen qui vedo!
Duca, rifugge l'anima...

256. ¡Aquí veo puñal y veneno!
Duque, mi alma se rehúsa...

SILVA

Dov'è l'ispano onore,
spergiuro, mentitore?

257. ¿En dónde está el honor hispano,
perjuro, mentiroso?

ERNANI

Ebben, porgi, morrò.

Toma el puñal.
258. Bien, dámela, moriré.

Entra corriendo.

ELVIRA

Ferma!
Ferma, crudele, estiguere,
perchè vuoi tu due vite?

Quale d'Avemo demone
ha tali trame ordite?
Presso al sepolcro, mediti,
compisci tal vendetta!
La morte che t'aspetta,
o vecchio affretterò.

259. ¡Detente!
¡Détente, cruel, porqué quieres
extinguir dos vidas?
A Silva.
¿Cuál demonio del averno
ha urdido tal trama?
¡Cerca del sepulcro meditaste,
cumplir tal venganza!
La muerte que te espera, viejo,
yo la apresuraré.
Ella detiene su parlamento.

ELVIRA
Ah, ma che diss'io? Perdonami.
L'angoscia in me parlò.

SILVA
È vano o donna, il piangere, è vano.

ELVIRA
Ah!

SILVA
È vano, io non perdono, è vano.

ERNANI
La furia è inesorabile.

ELVIRA
Figlia d'un Silva io sono.
Io l'amo... indissolubile
nodo mi stringe a lui.

SILVA
L'ami! Morrà costui,
per tale amor morrà.

ELVIRA
Per queste amare lagrime
di me, di lui pietà.

ERNANI
Quel pianto, Elvira, ascondimi,
ho d'uopo di costanza.

ELVIRA
Pietà!

ERNANI
L'affanno di quest'anima
ogni dolore avanza.

ELVIRA
Di lui, di me pietade.

ERNANI
Un giuramento orribile
ora mi danna a morte.

(continuó)
¡Ah, qué he dicho? Perdóname.
La angustia en mi habló.

260.	Es en vano, mujer, es en vano llorar.

261.	¡Ah!

262.	Es en vano, yo no perdono, es en vano.

263.	Su furia es inexorable.

A Silva
264.	Yo soy hija de un Silva.
	Yo Lo amo, un nudo indisoluble
	me ata a él.

265.	¡Lo amas! El morirá,
	por tal amor.

266.	Por éstas amargas lágrimas
	ten piedad de mí y de él.

267.	Esconde de mi ese llanto Elvira,
	Necesito constancia.

268.	¡Piedad!

269.	El sufrimiento de ésta alma
	excede a todo dolor.

270.	Ten piedad de él y de mí.

271.	Un juramento horrible
	ahora me condena a muerte.

ELVIRA
Pietà!

272. ¡Ten piedad!

SILVA
No!

273. ¡No!

ERNANI
Fu scherno della sorte
la mia felicità.

274. Mi felicidad
fue burla de la suerte.

ELVIRA Y ERNANI
No ebbe di noi miseri,
non ebbe il ciel pietà.
Di lui, di me pietà!

275. El cielo, no tiene lástima
no tiene piedad de nosotros.
¡De él, de mi piedad!

SILVA
Morrà, morrà,
per tale amor morrà!
È vano o donna, il piangere,
è vano, io no, non perdono.
Si, per tale amor morrè!

276. ¡Morirá, morirá,
por ese amor morirá!
Es en vano, mujer, llorar,
es en vano, yo nono perdono.
¡Si, por ese amor morirá!

SILVA
Se uno squillo intenderà,
tosto Ernani morirà.

Acercándose amenazante a Ernani.

277. Si oyes un tono,
en ese momento Ernani, morirá.

ERNANI
Intendo, intendo.
Compiase il mio destin fatale.

278. Entiendo, entiendo.
Cúmplase mi destino fatal.

Ernani clava la daga en su pecho.

ELVIRA
Che mai facesti?
Ahi misero!
Ch'io mora! A me il pugnale!

279. ¿Qué has hecho?
¡Ah pobre de ti!
¡Yo moriré! ¡Dame el puñal!

SILVA
No, sciagurata, arrestati,
il delirar non vale.

280. No desdichada, détente,
no debes delirar.

ERNANI
Elvira! Elvira!

281. ¡Elvira! ¡Elvira!

ELVIRA
Attendimi.
Sol te seguir desio...

ERNANI
Vivi, d'amarmi e vivere,
cara, t'impongo, addio.

ELVIRA y ERNANI
Per noi d'amore il talamo
di morte fu l'altar.

SILVA
[Delle vendette il demone
qui venga ad esultar.]

ERNANI
Elvira, Elvira, addio!

ELVIRA
Attendimi.

SILVA
Qui venga!

282. Espérame.
       Solo deseo seguirte...

283. Vive, ámame y vive,
       querida, te lo ordeno, adiós.

284. Para nosotros el tálamo de amor
       fue el altar de la muerte.

285. [Que el demonio de las venganzas
       venga aquí a exultar.]

286. ¡Elvira, Elvíra, adiós!

287. Espérame.

288. ¡Que venga aquí!

Ernani muere y Elvira cae inconsciente.

FIN

Biografía de Giuseppe Verdi

Giuseppe Verdi nació en el seno de una familia muy modesta, el 10 de Octubre de 1813 en una pequeña población llamada Le Roncole perteneciente al Ducado de Parma en el norte de Italia, en ese entonces bajo el dominio de Napoleón.

Verdi contó desde muy joven con la protección de Antonio Barezzi, un comerciante de Busseto, pueblo vecino a Le Roncole, quien creyó en el potencial musical del joven. Gracias a su apoyo, Verdi pudo desplazarse a Milán con la intención de ingresar como estudiante al Conservatorio cosa que no logró debido a obstáculos burocráticos.

Durante 18 meses de la educación musical de Verdi, en Milán, quien se desempeñó en forma brillante como estudiante.

Sin embargo, por recomendación de Antonio Barezzi, el maestro Vincenzo Lavigna se hizo cargo durante 18 meses de la educación musical de Verdi, en Milán, quien se desempeñó en forma brillante como estudiante.

El 4 de Mayo de 1836, Verdi y Margherita, hija de Antonio Barezzi contrajeron nupcias, ambos tenían 23 años. El 23 de Marzo de 1837, Margherita dio a luz una niña que fue bautizada con el nombre de Virginia Maria Luigia.

En 1836, Verdi fue nombrado Maestro de Música de Busseto y un año después, en Milán, estrenó su primera ópera Oberto Conte di San Bonifacio que resultó todo un éxito y le procuró un contrato con el Teatro alla Scala. El 11 de Julio de 1836 nació el segundo hijo de Margherita, lo llamaron Icilio, Romano, Carlo, Antonio.

En 1840, comenzaron las desgracias en la vida de Verdi, primero enfermó su hijo y falleció, pocos días después, la niña también enfermó gravemente y murió y por último en los primeros días de Junio, Margherita contrajo la encefalitis y también falleció.

Todo esto sumió a Verdi en una profunda depresión que estuvo a punto de hacerlo abandonar su carrera musical. En esos días Ricordi su editor, le mostró el libreto de *Nabucco* que le devolvió su interés por la composición.

El 9 de Marzo de 1842 Verdi estrenó *Nabucco* en el Teatro alla Scala, el estreno constituyó un gran éxito y fue su consagración como compositor.

Durante los ensayos de *Nabucco*, Verdi conoció a Giuseppina Strepponi la protagonista de la ópera, que se convirtió en su pareja y con quien se casó en 1859 y vivió con ella hasta 1897 año en que ella murió.

Verdi escribió un total de 27 óperas, una misa de *Requiem*, un *Te Deum*, el *Himno de las Naciones*, obras para piano, para flauta, y otras obras sacras.

Verdi dejó su cuantiosa fortuna para el establecimiento de una casa de reposo para músicos jubilados que llevaría por nombre La Casa Verdi, en Milán que es en donde se encuentra enterrado junto con Giuseppina.

Verdi falleció en Milán, de un derrame cerebral el 27 de Enero de 1901 a los 88 años de edad. Su entierro causó una gran conmoción popular y al paso del cortejo fúnebre el público entonó el coro de los esclavos de *Nabucco* "*Va pensiero sull ali dorate.*"

Óperas de Verdi

Aida	*La Battaglia di Legnano*
Alzira	*La Forza del Destino*
Attila	*La Traviata*
Don Carlo	*Luisa Miller*
Ernani	*Macbeth*
Falstaff	*Nabucco*
Giovanna D'Arco	*Oberto Conte di San Bonifacio*
I Due Foscari	*Otello*
I Lombardia	*Rigoletto*
I Masnadieri	*Simon Boccanegra*
I Vespri Siciliani	*Stiffelio*
Il Corsaro	*Un Ballo in Maschera*
Il Re Lear	*Un Giorno de Regno*
Il Trovatore	

Acerca de Estas Traducciones

El Dr. Eduardo Enrique Prado Alcalá nació en 1937 en el norte de México, estudió la carrera de medicina y se especializó en cáncer ginecológico y cáncer de mama.

Ejerció su carrera durante 40 años y finalmente llegó a la edad del retiro.

Desde la edad de 42 años, se hizo aficionado a la ópera y a la música clásica y formó parte de un grupo de amigos aficionados a estas disciplinas. Tuvo la oportunidad de asistir a funciones operísticas en la Ciudad de México, en Guadalajara México, en Toluca México, en Mazatlán México, en Seattle, en Madrid y en Londres. Organizó en la Ciudad de Mazatlán tres conciertos de música clásica, uno de ellos en la catedral.

Jugum Press y Ópera en Español

Prensa publica estas traducciones de ópera por Dr. E.Enrique Prado:

Vincenzo Bellini:
Norma

Georges Bizet:
Carmen

Gaetano Donizetti:
Anna Bolena, Don Pasquale, Lucia di Lammermoor,
Lucrezia Borgia

Ruggero Leoncavallo:
I Pagliacci

Pietro Mascagni:
Cavalleria Rusticana

Wolfgang Amadeus Mozart:
Die Zauberflöte, Don Giovanni, Le Nozze di Figaro

Giacomo Puccini:
La Boheme, La Fanciulla del West, Madama Butterfly, Manon Lescaut, Tosca
El Tríptico: Gianni Schicchi, Suor Angelica, Il Tabarro

Giacchino Rossini:
Il Barbiere Di Siviglia, La Cenerentola

Giuseppe Verdi:
Aida, Un Ballo in Maschera, Don Carlo, Ernani, Falstaff, La Forza del Destino,
I Lombardi, Macbeth, Nabucco, Otello, Rigoletto, Simon Boccanegra, La Traviata,
Il Trovatore

Para información y disponibilidad, por favor vea
www.operaenespanol.com
Correo: JugumPress@outlook.com
Síganos en Twitter: @jugumpress
Regístrate para nuestras noticias: http://eepurl.com/5m7tj

www.ingramcontent.com/pod-product-compliance
Lightning Source LLC
Chambersburg PA
CBHW081302040426
42452CB00014B/2618